세종 대왕

세종 대왕

김선희 글 한지선 그림

비룡소

경복궁 너머 북악산 위에 커다란 황소 한 마리가 구름을 타고 나타났어요. 황소의 우뚝한 두 뿔 사이에는 태양이 이글거리고 있었지요.

북악산 위를 천천히 걷던 황소가 그만 발을 헛디뎠어요. 그 바람에 쇠뿔 사이에 끼어 있던 태양이 산 아래로 굴러떨어졌지요.

"악!"

경복궁 아래에 있던 한 부인이 깜짝 놀라 비명을 질렀어요. 태양이 곧바로 부인을 향한 거예요.

그때 어디선가 붉은 옷을 입은 꼬마가 나타나 태양을 꿀꺽 삼켰어요. 그러고는 놀란 나머지 꼼짝도 못하는 부인의 품으로 뛰어들었지요.

얼결에 꼬마를 품에 안은 부인은 잠에서 퍼뜩 깨어났어요.

'어쩜 이렇게 꿈이 생생할까?'

부인은 가만히 배를 쓸어 보았어요.

그로부터 열 달 뒤, 한 사내아이가 태어났어요.

태양을 꿀꺽 삼키고 태어난 아이는 조선의 왕인 태종의 셋째 아들 충녕 대군이었어요.

태종에게는 아들이 넷 있었어요.

첫째인 양녕 대군은 태종의 뒤를 이어 왕이 될 세자였어요. 시도 잘 짓고 글씨도 잘 썼지만, 말달리기와 활쏘기를 더 좋아했지요. 양녕 대군은 궁궐 밖 사람들과도 스스럼없이 어울렸어요.

둘째인 효령 대군은 마음이 여리고 부끄러움을 많이 탔어요. 그래서인지 나랏일에는 별로 관심이 없었어요.

셋째인 충녕 대군은 머리가 좋아 한 번 읽은 것은 절대 잊지 않았어요. 또 마음이 어질고 착해서 사람들이 많이 따랐지요.

넷째인 성녕 대군은 얼굴이 아주 잘생겼어요. 하지만 열네 살이라는 어린 나이에 병으로 죽고 말았지요.

넷 중에서도 충녕 대군은 못 말리는 책벌레였어요. 책을 너무 읽는 바람에 건강까지 나빠져, 태종은 충녕 대군이 책을 읽지 못하게 했어요.

"뭐라, 충녕이 또 밤새 책을 읽었단 말이냐?"
 내관(조선 시대에 임금의 시중을 들던 관리)으로부터 충녕 대군의 얘기를 전해 들은 태종이 펄쩍 뛰었어요. 충녕 대군이 몰래 책을 구해서 읽었던 거예요.
 태종은 서둘러 충녕 대군의 방으로 갔어요. 글 읽는 소리가 저 밖에까지 들렸어요.

태종이 한동안 그 소리에 귀를 기울이며 서 있자니, 방 안에서 깊은 한숨 소리가 새어 나왔어요.

태종은 방으로 들어가 충녕 대군에게 물었어요.

"무슨 걱정이라도 있느냐? 한숨이 깊구나."

충녕 대군이 초롱초롱한 눈빛으로 답했어요.

"이렇게 좋은 책을 백성들도 읽을 수 있다면 얼마나 좋을까 하는 생각에 그만……."

그때 백성들은 책을 보기 힘들었어요. 지금처럼 인쇄소에서 책을 한번에 많이 찍어 내는 것이 아니라, 일일이 손으로 베껴 써야 해서 책이 귀했거든요. 또 책이 있어도 한자로 쓰인 건 읽기가 어려웠어요.

태종은 고개를 끄덕이며 생각했어요.

'충녕의 마음 씀씀이가 넓고도 깊구나.'

애늙은이가 따로 없다니까.

며칠 뒤, 아침부터 궁궐 마당에 있는 감나무에서 까마귀가 요란하게 울어 댔어요.

"깍, 까옥."

태종은 시끄러운 까마귀 울음소리에 얼굴을 찡그렸어요. 그러자 양녕 대군이 활을 꺼내 까마귀 두 마리를 연거푸 쏘아 죽였지요.

"이게 무슨 짓이냐?"

태종은 깜짝 놀라서 소리쳤어요.

"아바마마께서 까마귀 울음소리를 싫어하시는 것 같아 쏘아 죽인 것입니다."

양녕 대군이 별일 아니라는 듯 대답했어요.

태종은 양녕 대군을 엄히 꾸짖었어요.

"너는 매사에 왜 그리 난폭한 것이냐? 요즘은 글공부도 안 하고 궁궐 밖으로만 다닌다던데, 그렇게 행동이 경솔해서야 장차 이 나라를 어찌 다스리겠느냐?"

양녕 대군은 고개를 푹 숙인 채 아무 말도 하지 못했어요.

태종은 형제들과 죽고 죽이는 싸움 끝에 왕이 되었어요. 그래서 다음 왕은 무엇보다 성품이 어질어야 한다고 생각했어요.

태종은 틈만 나면 양녕 대군을 불러 왕이 지녀야 할 도리를 타일렀어요. 때로는 심한 벌을 주기도 했어요. 하지만 양녕 대군은 끝내 태종의 기대에 미치지 못했지요.

'양녕이 왕이 되면 겨우 안정을 되찾은 나라가 다시 혼란에 빠질지도 몰라.'

결국 태종은 양녕 대군 대신 충녕 대군을 새로운 세자로 삼았어요. 태어난 순서보다는 백성을 다스릴 만한 성품과 능력을 중요시한 거예요.

1418년 8월, 갓 스물을 넘긴 충녕 대군이 조선의 네 번째 왕인 세종이 되었어요.

왕위에서 물러난 태종은 세종이 훌륭한 왕이 되도록 도왔어요.

　왕위에 오른 지 얼마 지나지 않아 세종은 집현전을 돌아보았어요. 집현전은 고려 때부터 내려온 학문 연구 기관이었지만, 그 무렵에는 제구실을 하지 못했어요. 아니나 다를까 학문을 갈고닦아야 할 학자들은 졸고 있고, 책들은 여기저기에 흩어져 있었어요.
　세종은 집현전을 바로잡아 나라에 도움이 될 관리들을 키우기로 마음먹었어요. 그래서 과거 시험에서 높은 성적을 받은 젊은이들 중 특히 재주가 뛰어난 자들만 뽑아 집현전에서 공부하게 했지요.

집현전의 젊은 학자들은 세종을 도와 백성들이 살기 좋은 나라를 만들 방법을 연구했어요. 바깥세상의 새로운 문화와 과학을 제일 먼저 받아들이고 공부한 것도 집현전 학자들이었지요.

세종은 집현전 학자들을 무척 아꼈어요. 그들이 아무런 걱정 없이 연구에만 몰두할 수 있도록 보살펴 주었을 뿐 아니라, 학문이 뛰어난 학자들에게는 중국에서 공부할 기회를 주기도 했지요.

세종은 신하들의 재주를 잘 살펴서 그 사람이 제일 잘할 수 있는 일을 맡겼어요.

음악에 재능이 뛰어난 박연에게는 음악을 담당하는 벼슬을 주었지요. 박연은 세종이 왕이 되기 전의 스승 중 한 명인데, 피리를 잘 불었을 뿐 아니라 음악에 대해 두루 잘 알았거든요.

세종은 박연을 악학과 관습도감의 책임자로 삼았어요. 악학은 조선 시대에 음악을 연주하는 악공들을 뽑아 훈련하던 기관이에요. 관습도감은 우리나라 고유의 음악인 향악과 중국 당나라의 음악 등을 가르친 기관이고요.

박연은 먼저 궁궐에서 중요한 의식이 있을 때 연주하는 아악을 정리했어요. 왕이 신하들을 만나는 의식이나 중요한 제사에 쓰이는 음악을 새로 만든 거예요.

각각의 악기가 가진 소리의 길이와 높이를 정확히 표시하기 위해 악보도 만들었어요. 우물 정(井) 자 모양으로 칸을 만들고 음이름을 써서 누구나 한눈에 알아볼 수 있도록 했지요.

또 새로운 악기도 만들었어요. 그중 가장 유명한 것이 돌로 만든 악기인 편경이에요. 돌이 두꺼울수록 맑고 경쾌한 소리가 나고, 얇을수록 부드럽고 여운이 긴 소리를 냈지요. 또 돌의 두께에 따라 서로 높낮이가 다른 음을 낼 수 있었어요.

세종이 백성들을 생각하는 마음은 양반과 천민이 다르지 않았어요. 조선 시대에는 양반, 중인, 상민, 천민으로 신분이 나뉘었는데, 천민인 노비는 거의 사람대접을 못 받았어요. 양반들은 노비를 사고팔 수 있는 물건처럼 다루며 막 대했지요. 하지만 세종은 노비도 다 같은 백성으로 아꼈어요.

　한번은 이런 일이 있었어요. 어느 날, 한 대신이 길에서 바싹 마른 노비를 보았어요. 노비는 걸을 힘도 없는지, 자리에 쓰러진 채 일어나지를 못했어요.
　대신은 가마를 멈추고 하인에게 물었어요.
　"저자는 누구인데, 저렇게 다 죽어 가느냐?"

 "집현전 학자인 권채 대감의 노비입니다. 달아나다 잡혀서 매를 맞는 바람에 저리된 것이옵니다."
 대신은 거의 죽은 것이나 다름없는 노비를 보며 혀를 끌끌 찼어요.
 "아무리 노비라지만 사람을 저 모양으로 만들어 놓다니, 참으로 잔인하구나."

궁에 들어간 대신은 조금 전 길에서 본 일을 세종에게 전했어요. 이야기를 들은 세종은 의금부(조선 시대에 범죄 사건을 조사하던 관청)에 권채를 철저히 조사하게 했어요. 권채는 세종이 아끼는 집현전 학자였지만, 세종은 화를 누그러뜨리지 않았어요.

권채는 노비가 달아나서 벌을 준 것뿐이라며 억울함을 호소했어요. 그 당시에는 주인이 노비를 때리거나 죽이는 일이 흔했거든요.

그러자 세종이 크게 화를 내며 말했어요.

"임금이 백성을 대하는 데 어찌 양반과 천민을 구별할 수 있겠느냐. 내게는 노비도 하늘이 내린 백성이다."

세종은 신분에 상관없이 사람은 사람답게 대접받아야 한다고 믿었어요. 그래서 주인이 노비를 마음대로 벌주지 못하도록 했지요.

내게는 다 같은 백성일 뿐

　세종은 하늘의 여러 가지 변화를 관측하는 천문학에도 관심이 많았어요. 백성들이 잘 살려면 농사가 잘되어야 했는데 그러려면 천문학을 잘 알아야 했거든요. 아무리 열심히 일해도 가뭄이 들거나 장마가 지면 소용없으니까요.

　어느 날 천문학 책을 보던 세종이 얼굴을 찡그리며 말했어요.
　"한성의 위도(지구 위의 위치를 나타내는 가로 좌표축)가 38도라니? 이런 엉터리 같은 숫자를 써넣은 자가 누구냐?"
　곧 이순지라는 자가 불려 왔어요.
　"제가 직접 재어 확인한 것이니 확실하옵니다."
　나중에 확인해 보니 과연 한성의 위도는 38도였어요. 세종은 이순지를 가까이 두고 천문학을 연구하게 했어요. 이순지는 해, 달, 별의 운동을 관찰하여 일 년 동안의 월일과 계절, 날씨의 변화 등을 정리했어요. 이순지를 비롯한 학자들이 쓴 『칠정산』은 백성들이 농사를 짓는 데 큰 도움이 되었지요.

백성들을 잘 살게 하기 위한 세종의 노력은 그뿐만이 아니었어요.

세종은 각 지방의 관리들을 시켜 경험 많은 농부들에게 농사에 관한 지식을 묻게 했어요. 그리고 백성들에게 도움이 될 만한 농사법을 정리해『농사직설』이라는 책으로 펴냈어요.

『농사직설』에는 우리말로 된 곡식 이름뿐 아니라 씨앗 보관법, 씨 뿌리는 법, 밭 가는 법, 병충해 없애는 법 등 농사를 짓는 데 필요한 정보들이 들어 있었어요.

또 백성들을 위한 도덕·윤리 그림책인『삼강행실도』도 펴냈어요. 세종은 백성들이 책을 읽고 지혜롭고 똑똑하게 살아가길 바랐어요. 하지만 먹고살기 바쁜 백성들에게 한자로 쓰인 책들은 여전히 읽기 힘들었어요.

세종은 백성들을 괴롭히는 외적을 가만두지 않았어요. 당시 우리나라 북쪽 압록강과 두만강 근처에는 툭하면 여진족이 쳐들어와 백성들을 못살게 굴었어요. 여진족은 곡식과 소, 말 같은 가축들을 빼앗아 갔을 뿐 아니라, 사람들도 마구 해쳤지요.

1434년경 세종은 두만강 지역에 김종서를 보내 여진족을 몰아내게 했어요.

　김종서는 세종의 뜻에 따라 여진족을 물리치는 데 온 힘을 다했어요. 여진족들은 김종서를 '큰 호랑이'라고 부르며 두려워했어요. 나중에는 "큰 호랑이가 나타났다!" 하는 소리만 들려도 얼굴이 파래져서는 이리저리 흩어졌지요.

김종서는 여진족을 쫓아내고 두만강 주변에 여러 개의 성을 쌓았어요. 세종은 그곳에 백성들이 들어가 자리를 잡고 살게 했어요. 이것을 '육진'이라고 해요. 지금 우리나라의 북쪽 국경선이 바로 이때 만들어진 것이지요.

　세종 때에는 과학 기술도 크게 발달했어요. 그것은 장영실이라는 뛰어난 과학자가 있었던 덕분이에요.
　장영실은 손재주가 좋아 무엇이든 뚝딱뚝딱 잘 만들었어요. 원래는 관가에서 일하던 노비였지만, 재주를 인정받아 궁궐에서 일하게 되었지요.
　세종의 보살핌 아래 장영실은 뛰어난 발명품을 여러 개 만들었어요. 별의 움직임과 위치를 관찰하는 간의와 혼천의, 물시계인 자격루, 해시계인 앙부일구, 강물의 높이를 재는 수표, 비의 양을 잴 수 있는 측우기 등 어디에 내놓아도 손색이 없는 뛰어난 발명품들이었지요.

특히 물시계인 자격루는 신분이 천하다 하여 장영실을 업신여기던 대신들마저 깜짝 놀라게 했어요.

자격루는 자명종처럼 스스로 시간을 알려 주는 물시계예요.

이전에도 물시계는 있었지만, 그것은 사람이 앞에서 기다리고 있다가 종을 쳐서 시간을 알려야 했어요. 하지만 장영실이 만든 자격루는 졸졸졸 일정하게 흐르는 물의 힘을 이용하여 스스로 종을 치게 했지요. 게다가 시간도 아주 정확했다고 해요.

한편 세종은 아무도 모르게 우리글을 만들고 있었어요. 그때까지 우리나라에는 우리말을 적을 수 있는 글자가 없었거든요.

세종은 저녁마다 두 아들 진양 대군과 안평 대군을 불러 여러 글자를 소리 내어 읽게 했어요.

"이 글자를 읽어 보아라."

안평 대군과 진양 대군은 입을 동그랗게 오므리며 글자를 읽었어요. 그러면 세종은 두 사람의 입 모양을 자세히 관찰한 뒤 그림을 그렸지요. 그렇게 날마다 조금씩 세종은 우리글을 만들어 갔어요.

　그런데 세종이 새로운 글자를 만든다는 사실을 눈치 챈 대신들이 일제히 반대하고 나섰어요.
　"새로운 글자를 만든다니, 말도 안 되는 일입니다. 우리보다 훨씬 크고 앞선 중국의 글자인 한자를 버리면 중국의 미움을 살 것입니다."
　많은 대신들이 잇따라 반대하는 글을 올렸어요.

세종은 대신들의 말에 머리끝까지 화가 났어요.
　"그대들은 언제까지 중국의 눈치만 볼 것인가? 중국이 큰 나라인 것은 사실이나, 중국의 말과 우리말이 다른데 우리말을 적을 글자를 만드는 게 어째서 잘못이란 말인가!"
　대신들의 반대에도 세종은 포기하지 않았어요. 한자는 너무 어렵고 복잡해서 백성들은 배울 수가 없었어요. 그러다 보니 새로운 법이 만들어진 것을 모르고 있다가 벌을 받거나, 나쁜 속임수에 넘어가 손해를 보는 백성들이 많았지요.
　세종은 백성들도 쉽게 읽고 쓸 수 있는 글자를 만들고 싶었어요.

1446년 마침내 세종은 온 백성들 앞에 새로운 글자인 '훈민정음'이 완성되었음을 알렸어요. 훈민정음은 '백성을 가르치는 바른 소리'라는 뜻이에요.

"우리말은 중국 말과 달라 한자로는 서로 뜻이 잘 통하지 않는다. 그래서 백성이 하소연하고 싶은 것이 있어도 표현하지 못하는 경우가 많았다. 나는 평소에 이를 딱하게 여겨 새로 스물여덟 자를 만들었으니, 사람마다 쉽게 배워 매일 편히 쓰기 바란다."

백성들은 만세를 부르며 기뻐했어요. 배우기 쉬운 훈민정음이 만들어진 뒤로는 백성들도 쉽게 글을 깨칠 수 있었지요.

하지만 양반들은 훈민정음을 천하게 여겨 배우려 하지 않았어요. 농민이나 상민들이 글을 읽고 쓰는 것도 못마땅하게 생각했지요.

"천한 백성들이 감히 글을 읽는다고? 글은 우리 같은 양반들이나 읽는 것이지, 어험!"

세종은 훈민정음이 널리 쓰이도록 애썼어요. 백성들이 꼭 알아야 하는 법이나 규칙은 반드시 훈민정음으로 썼고, 군인이나 기술자를 뽑는 시험 과목에도 훈민정음을 포함시켰어요.

권제, 정인지, 안지 등 집현전 학자들을 시켜 훈민정음으로 『용비어천가』라는 노래도 짓게 했어요. 조선이 세워지기까지의 여러 일들을 담았지요.

훈민정음은 빠르게 백성들의 생활 속으로 퍼져 나갔어요. 수천, 수만 개의 글자를 알아야 글을 읽고 쓸 수 있는 한자와 달리, 훈민정음은 스물여덟 자만 알면 어떤 말과 소리도 다 쓸 수 있었어요. 그래서 농민이나 상민들도 쉽게 배우고 쓸 수 있었어요. 아예 글을 배울 기회가 없었던 여자들도 훈민정음을 배워 편지나 일기, 수필 등을 쓰게 되었지요.

나랏말ᄊᆞ미 듕귁에 달아 문ᄍᆞ와로 서르 ᄉᆞᄆᆞᆺ디 아니ᄒᆞᆯᄊᆡ 이런 젼ᄎᆞ로 어린 ᄇᆡᆨ셩이 니르고져 호ᇙ 배이셔도 ᄆᆞᄎᆞᆷ내 제 ᄠᅳ들 시러 펴디 몯ᄒᆞᇙ 노미 하니라 세종은 나이가 들면서 건강이 점점 나빠졌어요. 눈병이 나서 책도 읽기 어려웠고, 한쪽 다리가 아파 잘 걷지도 못했어요. 등에는 주먹만 한 종기가 여러 개 나서 편히 누울 수도 없었지요.
　세종은 병든 몸과 마음을 의지하기 위해 궁궐 안에 부처님을 모시는 불당을 지으려고 했어요. 하지만 대신들이 조선은 유교의 가르침을 따르는 나라이므로, 궁궐에 불당을 지어서는 안 된다고 반대했어요.

　집현전 학자들까지 모두 벼슬을 내놓으며 세종에 맞섰어요. 세종은 그토록 정성을 쏟았던 집현전이 텅 빈 모습에 눈물을 글썽였지요.
　결국 세종은 병이 점점 깊어져 1450년 2월, 세상을 떠났어요.

세종이 우리나라를 다스린 삼십여 년간은 참으로 빛나는 시대였어요. 세종은 왕으로 있는 동안 우리 글자인 훈민정음을 만들었고, 우리 음악과 악기를 정리했고, 우리 땅에 맞는 농사법을 찾았어요. 또 여진족을 몰아내고 땅을 넓히기도 했지요.

그때는 사람도, 글자도, 과학과 예술도 중국 것을 최고로 쳤어요. 양반들은 중국 것이라고 하면 무조건 받들어 섬겼지요. 하지만 세종은 우리만의 고유한 문화와 전통을 살려 나가려고 했어요. 그래야 우리 백성들이 잘 살 수 있다고 믿었거든요.

이제 사람들은 세종을 '대왕'이라고 높여 불러요. 세종이 항상 백성들을 아끼고 사랑하며 그들이 잘 살 수 있는 방법을 찾아 고민한 왕이기 때문이에요.

♣ 사진으로 보는 세종 대왕 이야기 ♣

양녕 대군과 충녕 대군

　태종의 셋째 아들이었던 세종은 본래는 왕이 될 수 없었어요. 세종의 맏형이자 첫째 아들인 양녕 대군이 어릴 때부터 세자로 정해져 있었거든요.

　세자인 양녕 대군은 엄격한 교육을 받았어요. 그런데 성격이 자유분방해서 모든 일마다 딱딱하게 예의를 차리고 격식을 따져야 하는 궁궐 생활에 잘 적응하지 못했어요. 궁

세종 대왕의 어진(왕의 얼굴을 그린 그림)이에요.

궐 밖 사람들과 어울려 사냥을 하거나 술을 마시거나 여행 다니기를 더 좋아했지요.

그러자 많은 대신들이 왕의 자질이 없다며 양녕 대군을 비판했어요. 세자 자리에서 내려와야 한다고 주장했지요. 결국 양녕 대군을 대신해 충녕 대군이 새로운 세자가 되었어요.

하지만 양녕 대군과 세종은 그 후로도 매우 사이가 좋았어요. 세종의 형인 데다, 한때 세자였던 점 때문에 양녕 대군을 벌주라는 신하들이 많았지만, 세종은 늘 양녕 대군과 가까이 지냈답니다.

양녕 대군을 모신 사당, 지덕사예요.
서울 동작구에 자리하고 있어요.

세종을 도운 사람들

세종이 수많은 업적을 이룰 수 있었던 것은 뛰어난 신하들과

학자들이 옆에 있었기 때문이에요. 또한 재능이 있는 사람을 알아보고, 그 능력을 발휘할 수 있도록 도운 세종의 사람됨 덕분이기도 해요.

세종 때의 대표적인 과학자인 장영실은 해시계, 물시계, 측우기 등 농사에 도움이 되는 과학 기구들을 많이 만들었어요. 본래 장영실은 관청의 노비였

장영실이 발명한 물시계인 자격루예요..

박연이 만든 악기인 편경이에요. 편경은 두 층의 걸이가 있는 틀에 각 층마다 두께가 서로 다른 여덟 개의 돌을 매단 악기예요.

지만, 세종은 그의 과학적 재능을 높이 평가해 무척 아꼈지요.

박연은 세종이 왕이 되기 전에 글을 가르쳤던 선생님이에요. 박연이 음악을 좋아한다는 것을 기억한 세종은 왕이 되자 그에게 음악에 관한 일을 맡겼

어요. 박연은 악보를 새로 정리하고, 편경 같은 악기를 만들어 우리 고유의 음악을 멋지게 되살려 냈지요.

김종서는 북쪽 국경 지역을 넓히고 튼튼히 했어요. 김종서가 여진족을 몰아낸 뒤 육진을 설치하자, 세종은 남쪽 지방의 백성들을 그곳에 옮겨 가 살게 했지요.

그밖에도 어질고 깨끗한 관리의 본보기인 황희, 왜구의 소굴인 대마도에 쳐들어가 본때를 보여 준 이종무, 집현전 학자인 정인지, 신숙주, 박팽년, 성삼문 등이 세종을 도와 백성들이 살기 좋은 나라를 만들기 위해 노력했어요.

서울 전쟁 기념관에 있는 김종서의 동상이에요.

집현전의 학자들

1420년, 세종은 궁궐 안에 집현전을 두었어요. 집현전은 '현명한 이들을 모아 둔 곳'이라는 뜻으로, 백성들이 살기 좋은 나라를 만들기 위해 연구하는 곳이었지요.

세종은 나라 곳곳에서 재주가 뛰어난 젊은이들을 모은 뒤, 수많은 책을 마련해 마음껏 공부하게 했어요. 집현전 학자들은 임금과 세자를 가르치고, 나라를 다스리는 데 도움이 되는 책을 펴내

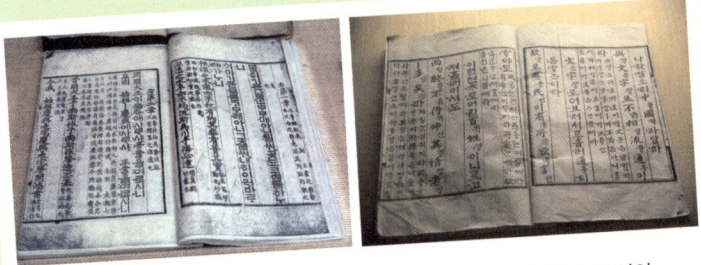

왼쪽은 『용비어천가』, 오른쪽은 『훈민정음해례본』이에요. 『용비어천가』는 조선이 어떻게 생겨났는지를 설명하는 책이에요. 『훈민정음해례본』은 훈민정음을 해설한 책이고요.

고, 다른 나라의 좋은 제도를 연구하며 나라의 기틀을 다졌지요.
 또 세종을 도와 훈민정음을 만들고 알린 것도 집현전 학자들이에요. 그들은 훈민정음의 해설서인 『훈민정음해례본』, 훈민정음으로 쓴 최초의 작품인 『용비어천가』 등을 써서 백성들에게 널리 알렸지요. 하지만 집현전은 세종이 죽은 지 얼마 지나지 않아 사라지고 말았어요.

뛰어난 우리 글자, 한글

 세종의 수많은 업적 가운데에서도 가장 빛나는 것은 역시 우리 글 '훈민정음'을 만든 거예요. 세상에는 아주 많은 말이 있지만 문자는 로마 문자, 아라비아 문자, 그리스 문자, 키릴 문자, 타이 문자, 몽골 문자, 한자, 한글, 가나 등 열다섯 개밖에 없답니다. 세계에서 가장 많이 쓰이는 영어도 로마 문자를 빌려서 표기하는 것이지요. 그러니까 우리나라는 우리말을 우리글로 표현할 수 있는 몇

안 되는 나라 중 하나인 거예요. 게다가 훈민정음은 그 우수성을 인정받아 1997년 유네스코(국제 연합의 교육 과학 문화 기구)의 세계 기록 유산으로 등록되기도 했지요.

훈민정음이 만들어지기 전, 우리나라 사람들은 중국의 한자로 글을 썼어요. 그런데 한자는 글자마다 소리와 뜻을 가지고 있어 배우는 데 시간이 많이 걸렸을 뿐 아니라, 중국 글자여서 우리말을 제대로 옮겨 적기가 어려웠어요.

서울 정동 덕수궁 안의 세종대왕 동상이에요.

반면 훈민정음은 스물여덟 자만 익히면 세상 어떤 말과 소리도 다 쓸 수 있어요. 그래서 세계적인 언어학자들과 작가들이 한글을 "모든 언어가 꿈꾸는 최고의 알파벳"이라고 말하기도 했지요. 미국의 유명한 과학 잡지《디스커버리》도 "한글은 세계에서 가장 독창적이고, 가장 합리적인 문자"라고 칭찬했고요. 우리가 매일 쓰는 우리글이 뛰어난 글자로 인정받고 있다니, 정말 기분 좋죠?

함께 보면 쏙쏙 이해되는 역사

◆ 1397년
아버지 이방원과 어머니 민씨 사이에서 셋째 아들로 태어남.

◆ 1408년
소헌 왕후 심씨와 결혼함.

1390 **1400**

● 1392년
이성계가 조선을 세움.

● 1400년
태종 이방원이 왕위에 오름.

◆ 1443년
훈민정음 스물여덟 자를 만듦.

◆ 1434년경
김종서를 시켜 여진족을 쫓아내고 두만강 지역에 육진을 설치함.

◆ 1446년
백성들에게 훈민정음을 널리 알림.

1430 **1440**

● 1434년
장영실이 해시계, 앙부일구를 만듦.

● 1441년
강우량을 재는 측우기가 제작됨.

◆ 세종의 생애
● 조선 초의 역사

◆ 1420년
집현전을 바로잡고
확대함.

◆ 1425년
박연을 시켜 아악을
정리하게 함.

◆ 1418년
양녕 대군 대신 세자
자리에 오름.
두 달 후 조선의 네 번째
왕이 됨.

◆ 1429년
정초 등을 시켜
『농사직설』을 펴냄.

1410 **1420**

◆ 1450년
오랫동안 병을 앓다가
세상을 떠남.

1450

● 1450년
세종의 아들 문종이
왕위에 오름.

추천사

「새싹 인물전」을
펴내면서

　요즈음 아이들에게 '훌륭한 사람'이 누구냐고 물으면 '돈 많이 버는 사람'이라고 대답한다고 합니다. 초등학생의 태반은 가수나 배우가 되고 싶어 하고요. 돈 많이 버는 사람이나 연예인이라는 직업이 나쁘다는 것이 아니라, 아이들이 각자가 갖고 있는 재능과는 상관없이 모두 똑같은 꿈을 갖는 것 같아 걱정입니다. 또 한편으로는 아이들이 진정 마음으로 닮고 싶은 사람에 대한 정보가 부족한 것은 아닌가 하는 생각도 듭니다.
　어릴수록 위인 이야기의 힘은 큽니다. 아직 어리고 조그마한 아이들은 자신이 보잘것없다고 생각하고 위인들의 성공에 감탄합니다. 하지만 그네들에게는 끝없이 열린 미래가 있습니다. 신화처럼 빛나는 위인들의 모습은 아이들에게 훌륭한 역할 모델이 되고, 그런 삶을 살기 위해 무엇을 어떻게 해야 할지를 알려 주는 밝은 등대가 됩니다.
　그렇다면 우리가 어른으로서 아이들에게 권해야 할 위인전은 무엇일까요? 보통 우리가 생각하는 '위인'은 훌륭한 업적을 남긴

위대한 사람, 멋지고 능력 있는 사람입니다. 하지만 시대가 변했으니 아이들이 역할 모델로 삼을 수 있는 위인의 정의나 기준도 변해야 할 것입니다.

그런 의미에서 비룡소의 「새싹 인물전」은 종래의 위인전과는 다른 점이 많습니다. 시리즈 이름이 '위인전'이 아닌 '인물전'이라는 데 주목하기 바랍니다. 「새싹 인물전」은 하늘에서 빛나는 위인을 옆자리 짝꿍의 위치로 내려놓습니다. 만화 같은 친근한 일러스트는 자칫 생소할 수 있는 옛사람들의 이야기를 일상에서 만날 수 있는 재미있는 사건처럼 보여 줍니다.

또 하나, 「새싹 인물전」에는 위인전에 단골로 등장하는 태몽이나 어린 시절의 비범한 에피소드, 위인 예정설 같은 과장이 없습니다. 사실 이런 이야기들은 현대를 사는 아이들에게는 황당하고 이해하기 힘든 일일 뿐입니다. 그보다는 천 리 길도 한 걸음부터, 큰 성공도 자잘한 일상의 인내와 성실함이 없었다면 이루어질 수 없었다는 것을 알려 주는 것이 중요합니다. 세상 사람들의 우러름을 받는 이들도 여느 아이들과 같은 시절을 겪었음을 보여 줌으로써, 아이들에게 괜한 열등감을 주지 않고 그네들의 모습을 마음속에 담을 수 있도록 해 주는 것입니다.

 덧붙여 위인전이란 그 인물이 얼마나 훌륭한 업적을 남겼는가 보여 주는 것도 중요하지만, 얼마나 참된 인간다움을 보였는가를 알려 줄 필요도 있습니다. 여기서 '인간다움'이란 기본적인 선함과 이해심, 남을 위해 봉사할 수 있는 사랑과 배려, 그리고 한 가지 목표를 설정하고 앞으로 나아갈 수 있는 의지와 용기를 말합니다. 성취라는 결과보다는 성취하기 위한 과정을 보여 주고, 사회적인 성공보다는 한 인간으로서 얼마나 자기 자신에게 철저하고 진실했는지를 보여 주는 것이 중요하다는 것입니다.

 하지만 아무리 좋은 가르침도 사랑과 따뜻함이 없으면 억누름과 상처가 될 뿐이겠지요. 「새싹 인물전」은 나의 노력과 의지에 따라 얼마든지 의미 있는 삶을 살 수 있음을 알려 줍니다. 내가 알고 있는 삶 외에도 또 다른 삶이 존재할 수 있다는 것, 꿈을 키우고 이루어 가는 과정에서 배우고 경험하게 되는 것들의 가치, 그런 따뜻함을 담고 있는 위인전입니다. 부디 이 책이 삶의 첫발을 내딛는 아이들에게 좋은 길잡이가 되었으면 하는 바람입니다.

기획 위원

박이문(전 연세대 교수, 철학)
장영희(전 서강대 교수, 영문학)
안광복(중동고 철학 교사, 철학 박사)

● 사진 제공

52쪽, 54쪽(위), 55~57쪽_ 연합 뉴스. 53쪽_ 중앙일보. 54쪽(아래)_ 두산 엔싸이버.

글쓴이 김선희

서울 예술 대학 문예 창작과를 졸업했다. 장편 동화 『흐린 후 차차 갬』으로 비룡소 황금도깨비상을 받았다. 지은 책으로 『귓속말 금지 구역』, 『1의 들러리』, 『공자 아저씨네 빵가게』, 『윤봉길』, 『가브리엘 샤넬』 등이 있다.

그린이 한지선

서울에서 태어나 이화 여자 대학교 동양화과를 졸업했다. 쓰고 그린 책으로 『밥 먹자!』, 『나랑 같이 놀래?』, 그린 책으로 『딱, 일곱 명만 초대합니다!』, 『내일도 야구』, 『아빠가 떴다!』, 『엉덩이가 들썩들썩』 등이 있다.

새싹 인물전
011

세종 대왕

1판 1쇄 펴냄 2009년 1월 23일   1판 27쇄 펴냄 2020년 5월 22일
2판 1쇄 펴냄 2021년 5월 28일   2판 6쇄 펴냄 2025년 9월 29일

글쓴이 김선희   그린이 한지선
펴낸이 박상희   편집장 전지선   편집 이지은   디자인 박연미, 지순진
펴낸곳 (주)비룡소 출판등록 1994.3.17. (제16-849호)
주소 06027 서울시 강남구 도산대로1길 62 강남출판문화센터 4층
전화 02)515-2000   팩스 02)515-2007   홈페이지 www.bir.co.kr
제품명 어린이용 각양장 도서   제조자명 (주)비룡소   제조국명 대한민국   사용연령 3세 이상

ⓒ 김선희, 한지선, 2009. Printed in Seoul, Korea

ISBN 978-89-491-2891-7 74990
ISBN 978-89-491-2880-1 (세트)

「새싹 인물전」 시리즈

- 001 **최무선** 김종렬 글 이경석 그림
- 002 **안네 프랑크** 해리엇 캐스터 글 헬레나 오웬 그림
- 003 **나운규** 남찬숙 글 유승하 그림
- 004 **마리 퀴리** 캐런 월리스 글 닉 워드 그림
- 005 **유일한** 임사라 글 김홍모·임소희 그림
- 006 **윈스턴 처칠** 해리엇 캐스터 글 린 윌리 그림
- 007 **김홍도** 유타루 글 김홍모 그림
- 008 **토머스 에디슨** 캐런 월리스 글 피터 켄트 그림
- 009 **강감찬** 한정기 글 이홍기 그림
- 010 **마하트마 간디** 에마 피시엘 글 리처드 모건 그림
- 011 **세종 대왕** 김선희 글 한지선 그림
- 012 **클레오파트라** 해리엇 캐스터 글 리처드 모건 그림
- 013 **김구** 김종렬 글 이경석 그림
- 014 **헨리 포드** 피터 켄트 글·그림
- 015 **장보고** 이옥수 글 원혜진 그림
- 016 **모차르트** 해리엇 캐스터 글 피터 켄트 그림
- 017 **선덕 여왕** 남찬숙 글 한지선 그림
- 018 **헬렌 켈러** 해리엇 캐스터 글 닉 워드 그림
- 019 **김정호** 김선희 글 서영아 그림
- 020 **로버트 스콧** 에마 피시엘 글 데이브 맥타가트 그림
- 021 **방정환** 유타루 글 이경석 그림
- 022 **나이팅게일** 에마 피시엘 글 피터 켄트 그림
- 023 **신사임당** 이옥수 글 변명미 그림
- 024 **안데르센** 에마 피시엘 글 닉 워드 그림
- 025 **김만덕** 공지희 글 장차현실 그림
- 026 **셰익스피어** 에마 피시엘 글 마틴 렘프리 그림
- 027 **안중근** 남찬숙 글 곽성화 그림
- 028 **카이사르** 에마 피시엘 글 레슬리 뷔시커 그림
- 029 **백남준** 공지희 글 김수박 그림
- 030 **파스퇴르** 캐런 월리스 글 레슬리 뷔시커 그림
- 031 **유관순** 유은실 글 곽성화 그림
- 032 **알렉산더 벨** 에마 피시엘 글 레슬리 뷔시커 그림
- 033 **윤봉길** 김선희 글 김홍모·임소희 그림
- 034 **루이 브라유** 테사 포터 글 헬레나 오웬 그림
- 035 **정약용** 김은미 글 홍선주 그림
- 036 **제임스 와트** 니컬라 백스터 글 마틴 렘프리 그림
- 037 **장영실** 유타루 글 이경석 그림
- 038 **마틴 루서 킹** 베르나 윌킨스 글 린 윌리 그림
- 039 **허준** 유타루 글 이홍기 그림
- 040 **라이트 형제** 김종렬 글 안희건 그림
- 041 **박에스더** 이은정 글 곽성화 그림
- 042 **주몽** 김종렬 글 김홍모 그림
- 043 **광개토 대왕** 김종렬 글 탁영호 그림
- 044 **박지원** 김종광 글 백보현 그림
- 045 **허난설헌** 김은미 글 유승하 그림
- 046 **링컨** 이명랑 글 오승민 그림
- 047 **정주영** 남경완 글 임소희 그림
- 048 **이호왕** 이영서 글 김홍모 그림
- 049 **어밀리아 에어하트** 조경숙 글 원혜진 그림
- 050 **최은희** 김혜연 글 한지선 그림
- 051 **주시경** 이은정 글 김혜리 그림
- 052 **이태영** 공지희 글 민은정 그림
- 053 **이순신** 김종렬 글 백보현 그림
- 054 **오드리 헵번** 이은정 글 정진희 그림
- 055 **제인 구달** 유은실 글 서영아 그림
- 056 **가브리엘 샤넬** 김선희 글 민은정 그림
- 057 **장 앙리 파브르** 유타루 글 하민석 그림
- 058 **정조 대왕** 김종렬 글 민은정 그림
- 059 **나폴레옹 보나파르트** 남찬숙 글 남궁선하 그림
- 060 **이종욱** 이은정 글 우지현 그림

061	**박완서**	유은실 글 이윤희 그림
062	**장기려**	유타루 글 정문주 그림
063	**김대건**	전현정 글 홍선주 그림
064	**권기옥**	강정연 글 오영은 그림
065	**왕가리 마타이**	남찬숙 글 윤정미 그림
066	**전형필**	김혜연 글 한지선 그림
067	**이중섭**	김유 글 김홍모 그림
068	**그레이스 호퍼**	박주혜 글 이해정 그림
069	**석주명**	최은옥 글 이경석 그림
070	**박자혜**	유은실 글 서영아 그림
071	**전태일**	김유 글 박건웅 그림
072	**스티븐 호킹**	성완 글 국민지 그림

* 계속 출간됩니다.